AF322297

MUNICIPALITÉ DE PARIS.

PROCÈS-VERBAL
DES COMMISSAIRES
DES SECTIONS,

Nommés pour conftater le réfultat de leurs Délibérations, fur le fort des anciens GARDES FRANÇAISES & autres ci-devant GARDES NATIONAUX foldés de la ville de Paris.

EXTRAIT DE LA LOI
Du 22 Mai 1791,
RELATIVE AU DROIT DE PÉTITION.

ARTICLE VI.

Dans les villes où la commune fe réunit par fections, les affemblées de fections pourront nommer des commiffaires pour fe rendre à la maifon commune, & y

A

comparer & conſtater les réſultats des délibérations priſes dans chaque ſection, ſans que les commiſſaires puiſſent prendre aucune délibération ni changer, ſous aucun rapport, le réſultat de celles priſes par chaque ſection.

Article VII.

Si les ſections ne ſe ſont pas accordées ſur les objets ſoumis à leur délibération, les commiſſaires reduiront la propoſition ſur laquelle il y aura diverſité d'opinion, de manière qu'elles puiſſent delibérer par oui ou par non. La queſtion ſera, dans cet état, rapportée aux ſections par leurs commiſſaires, & le dernier réſultat ſera déterminé par la majorité des votans dans les ſections.

PROCÈS-VERBAL
DES COMMISSAIRES DES SECTIONS,

Nommés pour conſtater le réſultat de leurs Délibérations, ſur le ſort des anciens Gardes Françaises & autres ci devant Gardes Nationaux soldés de la ville de Paris.

L'an quatriéme de la liberté, le vingt-trois mars mil ſept-cent quatre-vingt-douze, nous, commiſſaires nommés par les quarante-huit ſections, pour, en exécution

des articles VI & VII de la loi du 22 mai 1791, fus-
énoncée, comparer & conftater le réfultat des délibérations prifes par lefdites feétions, convoquées par le
corps municipal le 13 du préfent mois, à l'effet de dé-
libérer fur le fort des anciens Gardes-Françaifes & autres
ci-devant Gardes-Nationaux foldés de la capitale, &
réunis, à dix heures du matin, dans l'une des falles de
la maifon commune, en préfence de MM. Hû & Caf-
tille, officiers municipaux, avons nommé, par accla-
mation cinq d'entre nous pour faire, fous nos yeux,
le dépouillement des arrêtés des feétions, & pour pré-
parer le réfultat général; MM. LEONARD BOURDON,
feétion des Gravilliers; CHEVALIER, feétion du Roule;
LA ROCHE, feétion des Tuileries; HION, feétion du
Palais-royal; & BURETTE-VERRIÈRES, feétion du
Théâtre-Français, nommés à cet effet, ont procédé de
fuite au dépouillement partiel des diverfes opinions con-
tenues dans les procès-verbaux de chacune des feétions.
Cette première opération finie, attendu qu'il en reftoit
encore une très-longue à faire, celle du recenfement
général, de la vérification & de la rédaétion du procès-
verbal, & qu'il étoit trois heures après-midi, nous-nous
fommes ajournés au lendemain, à dix heures du matin.

Et ledit jour, vingt-quatre, à l'heure indiquée, nous
réunis, avons procédé au recenfement général & à la

rédaction du procès-verbal ; enfuite il en a été donné lecture, dans le cours de laquelle diverfes réclamations ayant été faites par plufieurs d'entre nous, ont prolongé la vérification ; enfin cette vérification faite, il en eft réfulté ce qui fuit ; Savoir :

1° Que quarante-fix fe&ions de la capitale émettent le vœu de rappeller & de réintégrer dans le fein de la garde nationale citoyenne, tous les ci-devant Gardes-Françoifes, & autres foldats des divers régimens qui ont fervi avec elle dans les bataillons ;

2° Dix-fept fe&ions, celles du Palais-Royal, de l'Oratoire, du fauxbourg S.-Denys, des Thermes-de-Julien, du Roi-de-Sicile, de l'Arfenal, de la Croix-Rouge, de Notre-Dame, des Quatre-Nations, du Théâtre-Français, de Bondy, des Quinze-Vingts, de la rue de Montreuil, des Gravilliers, des Champs-Elyfées, de la Fontaine de Grenelle & des Gobelins, demandent que les foldats de Château-Vieux foient admis dans la nouvelle formation follicitée ;

3° Six fe&ions, celles du Roule, du Palais-Royal, du Roi-de-Sicile, du Théâtre-Français, des Gravilliers & du Louvre, défirent que tous les ci-devant Gardes-Françaifes & autres foldats qui feroient engagés dans d'autres corps, ayent la faculté d'être compris dans ladite formation ;

4.° Six fections, celles des Tuileries, du Palais-Royal, des Poftes, du Roi-de-Sicile, de Popincourt & des Champs-Elyfées, votent pour que les officiers de cette nouvelle formation foient nommés par les fections; & deux autres, celles des Quinze-Vingts & des Gravilliers, qu'ils foient choifis par les foldats eux-mêmes;

5.° Deux fections, celles des Gravilliers & du Marché des Innocens, demandent qu'il foit donné à ces braves foldats de la révolution qui fe font éloignés de Paris, les moyens de revenir parmi nous, jouir des avantages du décret que l'on follicite;

6.° Deux fections, celles de l'Oratoire & des Thermes-de-Julien, expriment le vœu que les canoniers foient auffi rappellés & réintégrés au fein des bataillons; celle des Quinze-Vingts demande fur-tout que l'on y admette de même les ci-devant Vainqueurs de la Baftille, formés depuis Chaffeurs nationaux;

7.° Douze fections, celles du Roule, de l'Oratoire, des Enfans-Rouges, des Thermes-de-Julien, de Notre-Dame, du Marché des Innocens, du Palais-Royal, du Roi de Sicile, de l'Arfenal, des Lombards, des Gobelins & de Henri-Quatre, bornent le rappel de ces braves militaires de différens régimens, à ceux qui juftifieront

avoir commencé à fervir à différentes époques de l'année
1789;

8° Quatre fections, celles du fauxbourg S.-Denys, du
Ponceau, des Quinze-Vingts & du fauxbourg Mont-
Martre, défirent que dans cette nouvelle formation, il
ne foit point créé d'état-major particulier ; & que les
hommes qui y feront admis, ne puiffent jamais marcher
qu'avec les citoyens, & par les ordres feuls de la Municipalité ;

9° Six fections, celles du fauxbourg S.-Denys, de
l'Arfenal, de l'Oratoire, des Poftes, du Marché des
Innocens & des Quinze-Vingts, demandent que cette
nouvelle troupe foit à la folde de l'état; & cette der-
nière fection, dans le cas où cette propofition ne feroit
point admife, vote, avec celle des Gobelins, pour que
leur folde foit fupportée par la Commune de Paris ;

10° Trois fections, celles du faubourg S.-Denys, du
Palais-Royal & de l'Obfervatoire expriment le vœu de
voir réduire les foixante bataillons à quarante-huit, for-
mant le nombre des fections.

11° Trois fections, celles du Louvre, de l'Obfervatoire
& de la Fontaine de Grenelle demandent des penfions
pour ceux de ces généreux foldats qui feroient hors d'état
de fervir.

12° Onze fections, celles de Henri IV, du Palais-Royal, du faubourg S.-Denys, de l'Arfenal, des Gobelins, de la Croix-Rouge, des Quatre-Nations, de Bonne-Nouvelle, de Poiffonnière, des Quinze-Vingts & de la Fontaine de Grenelle votent pour que les troupes de ligne, cafernées dans les murs de Paris, foient éloignées auffi-tôt après la formation de la nouvelle troupe foldée.

13° Vingt-neuf fections, celles des Tuileries, de la Bibliothéque, du Palais-Royal, de l'Oratoire, du faubourg S.-Denys, des Enfans-Rouges, du Luxembourg, de l'Obfervatoire, de la Croix-Rouge, de Ste-Géneviéve, des Gobelins, du Roi de Sicile, de la Place-Royale, de Henri IV, des Invalides, de la Fontaine Montmorency, des Quatre-Nations, du Théâtre François, de Bonne-Nouvelle, de Mauconfeil, de Poiffonnière, des Poftes, de Bondi, de la rue de Montreuil, des Gravilliers, des Champs-Elyfées, du Louvre & de la Fontaine de Grenelle ont chargé leurs commiffaires de fe concerter entr'eux, tant fur le mode de réintégration & formation de cette troupe, que pour dreffer un projet de pétition à l'affemblée nationale, pour lefdits mode & projet de pétition être reportés aux fections, & être pris, par chacune d'elles, un vœu définitif fur ces objets.

14° Dix-fept fections, celles du Roule, du Palais-

Royal, du faubourg S.-Denys, du Roi de Sicile, de l'Hôtel - de - Ville, de l'Arfenal , des Quatre - Nations , Ste-Géneviéve , de la Croix-Rouge , de Henri IV , du Théâtre François, de Bonne-Nouvelle, du Ponceau, de Poiffonnière, du Temple, du Louvre & de Notre-Dame demandent que lefdits commiffaires de fections accompagnent M. le Maire, lorfqu'il ira préfenter la pétition à l'affemblée nationale.

15° La fection des Arcis demande feulement qu'il foit ouvert à la Municipalité un regiftre deftiné à recevoir & les réclamations & les noms des réclamans , afin de mettre les ci-devant Gardes-Françoifes dans le cas de jouir tous du décret rendu en leur faveur ; elle ajoute qu'elle défire que les foldats de Château-Vieux foient admis à jouir auffi de ce décret.

16° Un grand nombre de fections propofe différens points de vue particuliers fur le mode d'organifation , qui , d'après le vœu de la majorité des fections, devant être projettés par lefdits commiffaires , feront examinés & difcutés avec foin dans leur travail.

17° Deux fections, celles du Théâtre François & des Thermes de Julien votent pour que ces braves & généreux foldats jouiffent des droits de citoyens aélifs.

18° Deux fections , celles de l'Arfenal & de Notre-

Dame demandent que les foldats renvoyés injuftement du régiment d'Alface foient auffi admis dans la nouvelle formation; la fection de l'Arfenal réclame, en outre, le rétabliffement de la caferne des Céleftins, vu la garde effentielle des poudres.

19° Et enfin la fection du Jardin des Plantes émet pour fon vœu, que les ci-devant Gardes-Françaifes & autres qui compofoient les compagnies du centre, foient admis, par préférence, à remplir les places dont on n'auroit point encore difpofé, foit dans les régimens de ligne, foit dans la gendarmerie nationale, employés dans le département de Paris.

Après la lecture de la délibération de la fection du Jardin des Plantes, il a été obfervé que fon procès-verbal, en date du 19 mars, énonce que l'affemblée a délibéré fur le rapport des commiffaires, & que cependant ce procès-verbal ne contient aucune mention de la convocation de toutes les Sections, indiquée, par le corps municipal, pour le 13 de ce mois, ni de l'Affemblée qui a dû avoir lieu, ce jour même, & à ce fujet.

Les commiffaires font cette obfervation afin de mettre le Corps municipal à portée de prendre, à cet égard, le parti qu'il jugera convenable.

La vérification des différens articles contenus en notre

procès-verbal, ayant exigé beaucoup de changemens dans
fa rédaction, & conféquemment une nouvelle mife au
net; attendu qu'il eft trois heures paffées, les commiffaires
fe font ajournés à lundi prochain, 26 du préfent mois
de mars, afin d'entendre une nouvelle lecture dudit procès-
verbal, fans difcuffion, & de l'arrêter definitivement.

Il réfulte de ce récenfement, que la majorité des fections a été d'accord fur le fond de la propofition, mais
que les fections ne fe font point accordées fur le mode
d'exécution, & qu'il y a même une très-grande diverfité
d'opinion, à cet égard; fur quoi, nous, commiffaires,
nous nous fommes ajournés pour procéder aux opérations
ultérieures, qui nous font indiquées par l'article VII de
la Loi fufdatée, pour mettre ces fections à portée de
delibérer fur le mode d'exécution, par oui ou par non.

Signé, Aug. LEBELLE, de la fection des Gobelins ;
ROBINEAU, de la fection des Gravilliers ; GARNIER, de la
fection de Sainte-Géneviéve ; CASTILLE, Officier Muni-
cipal ; BONENFAN, de la fection de la Fontaine de Gre-
nelle ; DELABARRE, fection de la Croix-Rouge ; Nicolas
DE GRANDMAISON, fection de la Fontaine de Grenelle ;
DESVIEUX, Commiffaire de la fection des Poftes ; PROFINET,
fection de l'Oratoire ; A. DEROUSSE, fection des Arcis ;
MOMORO, du Théâtre-François ; DEVILLENEUVE ; BUREAU ;
GRAILLARD DE GRAVILLE; VENHECK; FAUVEL; ANTHÉAUME;

Dufour ; Chenaux, fection de l'Oratoire ; Geoffroy, le jeune ; Chevalier ; Leonard de Bourdon, Electeur de 1789 ; Pinon ; Prévost ; Lambert, Commiffaire de la fection du Fauxbourg S.-Denys ; Bourse ; Mercier, de la fection de l'Arfenal ; Concedien ; Pluvinet ; de la Roche ; Oubert ; Buirette-Verriere ; Chepit ; Paris, Commiffaire de la fection de l'Obfervatoire ; Deffault ; Hion ; Regnault; Hû, Officier Municipal ; J. L. Tallien, de la fection de la Place-Royale ; Letellier, de la fection d'Henri IV ; Retournay, de la fection de la rue Poiffonnière ; Audoux, de la fection Popincourt ; Colignon, de la fection du Palais-Royal ; Diochet, de la fection de la rue de Montreuil ; Lulier, de la fection Mauconfeil ; Desvieux, Maisoncelle, de la fection de la Fontaine-Montmorency ; Landrin, de la fection du Fauxbourg-Montmartre ; Teulot, de la fection de la rue de Montreuil ; Legangneur de Lalande, de la fection des Quatre-Nations ; Villain d'aubigny, de la fection des Tuileries ; Harou Romain, de la fection de Bondy.

Pour Copie conforme à la minute, dépofée au Secrétariat de la Municipalité,

Signé, DEJOLY, Secrétaire-Greffier.

De l'Imprimerie de LOTTIN l'aîné, & J.-R. LOTTIN, Imprimeurs de la Municipalité, rue S.-André-des-Arcs, N° 27.

24